Mădălina Negrea

Der Parlamentspalast in Bukarest

Inhaltsverzeichnis

Einführung 5

Internationales Ansehen 7

Struktur des Bauwerkes und dekorative Opulenz 9

Architektonischer Stil und Raumbild 15

Ceaușescus Vision und das Bauprojekt 17

Die Baustelle 19

Der unterirdische Palast 21

Staatsaufbau 23

Herrschaft Nicolae Ceaușescus 25

1989 27

Kosten und Kritik 29

Literatur 31

Einführung

Das Haus des Volkes oder der Parlamentspalast, wie es noch heute genannt wird, ist und bleibt ein symbolisches Objekt für Bukarest und somit auch für das gesamte Land. Rumänien als Land wird oft mit folgenden Namen verbunden: Dracula, dem angeblichen Vampir, Nadia Comaneci, Turnerin mit der Note 10 bei den Olympischen Spielen in Montreal 1976 und dem Fußballer Gheorghe Hagi auf der FIFA 100 Liste. Neben diesen Persönlichkeiten gibt es weitere Ikonen, die für die Identität des Landes wichtig sind: Die Skulptur Coloana Infinitului (Unendlichkeitssäule) von Constantin Brâncuși aus dem Jahr 1938, Decebalus König von Trakien (85–106 n. Chr.), dessen 2004 fertiggestelltes Denkmal die höchste in Fels geschlagene Skulptur in Europa ist sowie der Physiker Henri Marie Coandă (1886–1972), der 1910 das erste Flugzeug mit Strahltriebwerk baute. Von Mitte der 1960er-Jahre bis 1989 prägte Nicolae Ceaușescu (1918–1989) als Politiker und Diktator die Innen- und Außenpolitik Rumäniens. Dabei gelang es ihm, Rumänien im Ost-West-Gegensatz des Kalten Krieges zu profilieren. Innenpolitisch ging dies mit einer harschen Diktatur einher. Der Parlamentspalast (Palatul Parlamentului) ist auch ein Symbol für über zwei Jahrzehnte neostalinistische Gewaltherrschaft.

Iulian Dragomir/Alamy Stock Foto G0TCE6

Internationales Ansehen

Seit 1997 ist der Palast des Volkes Mitglied der International Association of Congress Palaces (AIPC). Dadurch können dort Veranstaltungen, Sonderausstellungen und Konferenzen wie z. B. die Jahrestagung der Parlamentarischen Versammlung der OSZE (2000), der Frankophonie-Gipfel (2006), der NATO-Gipfel (2008), sowie das Rumänisch-Chinesische Wirtschaftsforum (2013) stattfinden.

Mit einer Fläche von 10.000 Quadratmetern stellt das Gebäude außergewöhnlich umfangreiche Räumlichkeiten bereit. Heute ist der Palast eine bedeutende touristische Attraktion mit über 200.000 Besuchern jährlich (Stand 2007).

Bundesregierung/Steffen Kugler B 145 Bild-00172982

Gruppenfoto der am Nato-Gipfel teilnehmenden Staats- und Regierungschefs, 3. April 2008.

robertharding / Alamy Stock Foto MWTX8P

Empfangsraum des Parlamentspalastes in Bukarest.

Struktur des Bauwerkes und dekorative Opulenz

Der Palast des Volkes steht nach dem Pentagon an zweiter Stelle als größtes Verwaltungsgebäude der Welt, an dritter Stelle nach Cape Canaveral und der Quetzalcoatl-Pyramide in Mexiko als flächenmäßig größtes Gebäude überhaupt und an erster Stelle mit insgesamt 1.000.000 Kubikmeter Marmor, 700.000 Tonnen Stahl, Bronze und 3.500 Tonnen Kristall als schwerstes Gebäude der Welt. 5.500 Tonnen Zement, 20.000 Tonnen Sand, 1.000 Tonnen Basalt, 900.000 Kubikmeter Holz, 200.000 Kubikmeter Glas sind verbaut und spiegeln die Größe des Bauwerks. Das Volumen des Palastes beträgt 2.550.000

imageBROKER/Süddeutsche Zeitung Photo 7.2006046

Außenansicht des Parlamentspalasts, 2011.

Kubikmeter und die Bodenfläche 333.000 Quadratmeter bei einer Länge von 270 Metern, Breite von 240 Metern, Höhe von 84 Metern und Tiefe von 98 Metern.

Das Gebäude besteht aus drei Teilen mit 23 Körpern, die sich vertikal unterscheiden lassen, und gliedert sich in neun oberirdische und neun unterirdische Ebenen.

Teil I: Ehrengalerien und Säle,
Teil II: Büros,
Teil III: Panorama

Über 3.000 Räume, von denen nur 1.000 zugänglich sind, 440 Büros, 40 Aufzüge, mehr als 30 Konferenzräume und Lounges, vier Restaurants, drei Bibliotheken sowie ein Konzertsaal sind vorhanden.

Der Wert des Gebäudes wurde 2006 auf 3,5 Milliarden Euro geschätzt und wird unter anderen durch die üppige Dekoration und die kostbaren Möbel im Inneren bestimmt. Die imposanten Marmortreppen, Decken mit Ornamenten, Mosaike in

David Sutherland / Alamy Stock Foto BD5GYA
Haupteingang des Palastes.

Eric Nathan / Alamy Stock Foto DNC16A

Jon Arnold Images Ltd / Alamy Stock Foto W2C9MD

Die Empfangshalle für Staatsgäste.

besonderen Farben, reich geschnitzten Holztüren, 2.800 Kristallleuchter und 220.000 Quadratmeter Teppiche zeigen, was »sozialistischer Reichtum« ehemals bedeutete.

Der offizielle Zugang ins Gebäude befindet sich in der Izvorstraße. Am Eingang wird man von einer riesigen Halle mit einer Länge von 150 Metern und einer Breite von 18 Metern empfangen, die von zahlreichen Marmorsäulen und Türen aus Eichenholz gesäumt ist.

Bekannt ist die monumentale Treppe, die in die erste Etage führt, auf der sich die Büros des Senatspräsidenten befinden. Sie war ursprünglich als Kopie der Treppe aus dem Winterpalast in Sankt Petersburg gedacht. Ihre Besonderheit ergibt sich aus der Gestaltung der Decke, in der sich förmlich der Boden spiegelt. Über der Treppe sieht man eine blaue Glaskuppel und an den Fenstern befinden sich die bemerkenswerten 16 Meter langen Vorhänge.

Der Unirii-Saal ist mit einer Gesamtfläche von 2226 Quadratmetern die größte Halle im Palast und wird meist als Ausstellungsraum genutzt. Mit einer Kapazität von 1000 Steh- und

imageBROKER / SZ Photo 7.1592662

Innenansicht der Halle der Menschenrechte.

800 Sitzplätzen sind auch große Veranstaltungen möglich. Der Name bezieht sich auf die Vereinigung des Landes unter der Herrschaft von Alexandru Ioan Cuza (1820–1873) – Gründer und erster Fürst des Fürstentums Rumänien. Der Zusammenschluss der Fürstentümer geschah in zwei Etappen. Die Kleine Union wurde im Jahr 1859 zwischen Walachei und Moldau unter Führung des Herrschers Alexandru Ioan Cuza gebildet und die Große Union 1918 mit der Annexion Siebenbürgens unter Führung des Königs Ferdinand I, dem Treuen.

Der I. C. Brăteanu-Saal hat eine Gesamtfläche von 1120 Quadratmetern und eine Kapazität von 550 Sitzplätzen. Hier finden Shows und Ausstellungen statt. Ion C. Brăteanu (1821–1891) war der vierzehnte Premierminister Rumäniens. Er spielte eine wesentliche Rolle bei der Revolution von 1848, bei der Gründung der Union der Fürstentümer und Erlangung der staatlichen Unabhängigkeit im Jahr 1878.

Der Alexandru Ioan Cuza-Saal hat eine Gesamtfläche von 1820 Quadratmetern und umfasst 1200 Steh- und 800

Sitzplätze im Auditorium. Der Raum ist der höchste Saal des Gebäudes mit einer Deckenhöhe von 20 Metern und der zweitgrößte nach dem Union Saal. Seine Bedeutung zeigt sich nicht nur durch seine strategische Platzierung im Haus, sondern auch durch seinen Namen. Vom Balkon des Saals aus wollte sich Nicolae Ceaușescu dem Volk zeigen.
Der Raum trägt den Namen des Herrschers Alexandru Ioan Cuza (1820–1873), der von den beiden separaten Territorien Walachei und Moldau zum Fürsten gewählt

Wikipedia
Alexandru Ioan Cuza (1820–1873)

wurde. Das Ende des Krimkrieges schuf einen europäischen Rahmen, der die Kleine Union begünstigte, sodass Cuza 1861 den Staat Romania ausrufen konnte. Im Jahr 1862 folgte die Staatsgründung mit Bukarest als Hauptstadt.

Der C. A. Rosetti Saal hat eine Gesamtfläche von 1240 Quadratmetern und eine Kapazität von 600 Sitzplätzen. Hier werden Konzerte und Theaterstücke aufgeführt. Der Raum ist nach dem Schriftsteller und Politiker Constantin Alexandru Rosetti (1816–1885) benannt, der vor allem aufgrund seiner Rolle während der Revolution von 1848 bekannt ist.

Die Halle der Menschenrechte nimmt eine Gesamtfläche von 484 Quadratmetern ein und wird durch kreisförmig angeordnete Säulen bestimmt. Gemäß dem ursprünglichen Plan sollte dieser Raum exklusiv für die Sitzungen des politischen Exekutivkomitees (CPEx) genutzt werden. Darüber hinaus sah Nicolae Ceausescu für die Möblierung des Saals auch einen erhöhten Sessel mit besonderer Polsterung für sich selbst vor.

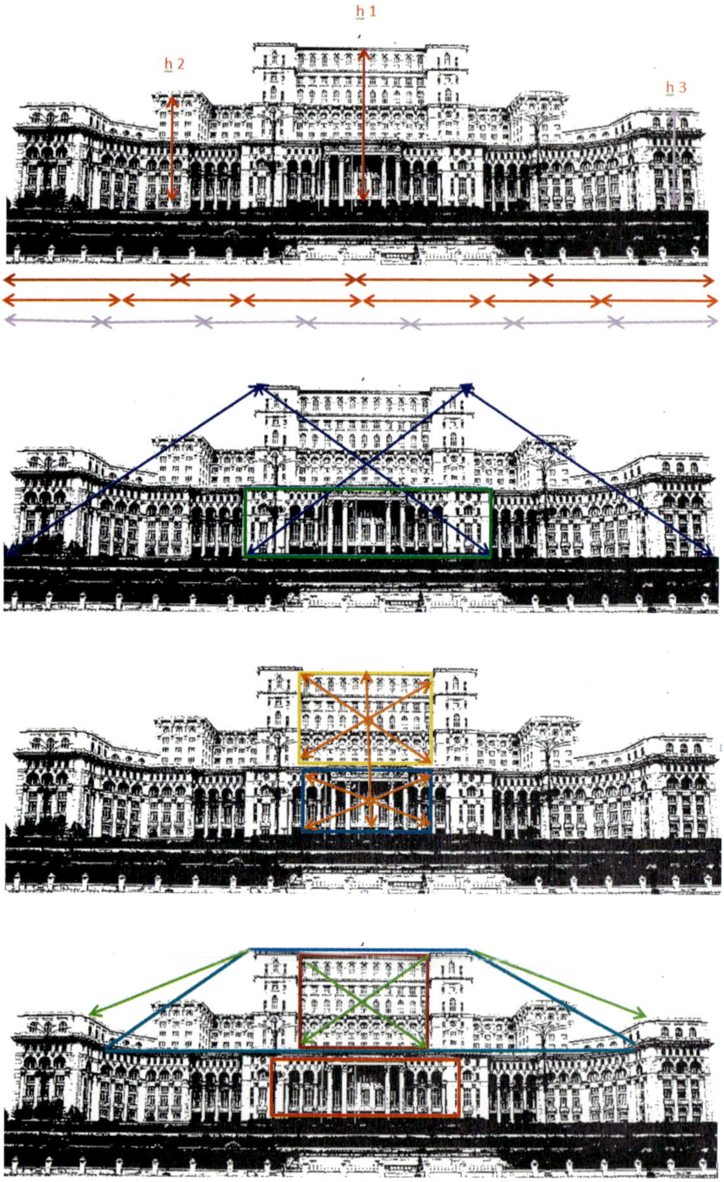

Darstellung der Symmetrie des Gebäudes.

Architektonischer Stil und Raumbild

Die Architektur des Gebäudes ist durch den Sozialistischen Klassizismus bestimmt. Dieser zeichnet sich durch einen monumentalistischen Baustil mit massiven vertikalen Elementen aus und weist einen leichten Einfluss des amerikanischen Art déco auf, der die Verwendung aufwendiger Veredlungsmaterialien wie Stein und Metall beinhaltet. Die in diesem Stil erbauten Gebäude haben einfache, rechteckige Balkone, Säulengänge und Pfeiler.

Der rumänische Forscher Vasile Droj hat in einer mathematisch-geometrischen Analyse die allgemeine Form des Palastes analysiert. Ähnlich einem olympischen Podium können drei Bereiche unterschieden werden, die sich im Wert der verwendeten Materialien und dem architektonischen Aufbau unterscheiden.

Entsprechend den drei vertikalen Teilen lassen sich ebenso viele Höhen mit verschiedenen Proportionen nachweisen. Bei der ersten Vertikale stehen Höhe und Breite in einem Verhältnis von 1/4, bei der zweiten in einem Verhältnis von 1/6 und bei der letzten von 1/7.

Die Symmetrie des Gebäudes ergibt sich aus einer Vielzahl geometrischer Formen, die in festen Relationen zueinander stehen. (siehe Abbildungen S. 14)

Peter Ptschelinzew / Alamy Stock Foto K671TK

Gruppenführung.

Ceaușescus Vision und das Bauprojekt

Gemeinsam mit seiner Ehefrau Elena Ceaușescu (1916–1989) regierte Nicolae Ceaușescu (1918–1989) Rumänien ab 1964 als Diktator. Nach einem Besuch in Nordkorea ließ er sich von dem, was er in Pjöngjang sah, inspirieren. So beschloss er, ein Gebäude zu errichten, das in Größe alle Denkmäler der Welt übertreffen sollte. Damit verbunden war die städtebauliche Neuordnung der rumänischen Hauptstadt. Denn nach Ansicht der Kommunistischen Partei fehlte der Stadt ein »Bürgerzentrum«. Im Grunde sollte es sich um eine politisch-administrative Neuordnung handeln. Das Gebäude sollte die wichtigsten Institutionen des Staates beherbergen und nicht zuletzt Schutz vor Erdbeben und Atomangriffen bieten. Die Wahl des Standorts fiel auf eine damals Arsenal-Hügel genannte Erhebung in Bukarest.

Das Erdbeben von 1977 mit 1500 Toten und großen Zerstörungen in Bukarest diente als Auslöser für den Beginn des Projektes. Dabei kann die Idee einer Umgestaltung Bukarests auf Karl II. von Hohenzollern-Sigmaringen (1893–1953) zurückgeführt werden. Karl II. war zwischen 1930 und 1940 König von Rumänien. Während seiner Herrschaft profitierte Rumänien von einer starken wirtschaftlichen Entwicklung, blieb aber politisch instabil.

Zwischen 1978 und 1979 fand ein nationaler Wettbewerb statt, an dem sich verschiedene Architekten beteiligten. Es gab sieben Wettbewerbsstufen und 18 Teilnehmer.

Alle Architekten waren zum Mitmachen eingeladen und so zeigte jeder durch intensive Fachstudien und Modelle sein großes Interesse. Die Modelle waren etwa fünf Meter lang und wurden in der ersten Phase der Aufsichtsbehörde vorgelegt und nicht Ceaușescu selbst. In die Endrunde kamen Cezar

Lăzărescu und die 28-jährige Architektin Anca Petrescu, die letztlich zur Gewinnerin des Wettbewerbs gekürt wurde. Das Ergebnis war in Rumänien umstritten. An zwei Dingen machte sich die Kritik fest. Einerseits sprach man von der Unerfahrenheit der Architektin, andererseits sah man sie dank verwandtschaftlicher Verbindungen dem »Conducător«, wie Ceaușescu genannt wurde, verbunden.

Nicolae Ceaușescu verstand wenig von Architektur, beaufsichtige den Bau aber sehr intensiv und setzte in allen Belangen seine Vorstellungen durch. Da es ihm an Vorstellungskraft fehlte, musste jedem Plan ein Modell im Maßstab 1:100 beigefügt werden.

Der Auftraggeber selbst sah in dem Gebäude ein Symbol für sich selbst. »Auf ewig« sollte der Palast mit ihm in Verbindung gebracht werden. Darüber hinaus wollte er sich als starker und mächtiger Führer inszenieren. Seine Vision für dieses Projekt war Monumentalität und Erhabenheit, mit der Rumänien zur »Weltspitze der Nationen« aufrücken sollte.

Anca Petrescu selbst sah ihre Vorteile gerade in ihrer Jugend und ihrem Durchsetzungswillen. Offen wollte sie die Herausforderungen angehen und neue Ideen entwickeln.

Die Baustelle

Bereits Anfang der 1980er-Jahren war mit dem Abriss von über sieben Quadratkilometern von Gebäuden innerhalb der Altstadt begonnen worden. Kirchen, Klöster, Krankenhäuser, das Stadion, das Nationalarchiv, etwa 28 Straßen und über 40.000 Häuser wurden abgerissen.

Am Bau beteiligten sich etwa 800 Architekten und Ingenieure und 20.000 Arbeiter, die in drei Schichten arbeiteten. Die Fluktuation der Arbeitskräfte war groß und auf der Baustelle wurden Soldaten und Militärtechnik eingesetzt, um Kosten zu sparen. Dennoch wurden die sonst anfallenden Kosten niemals weder erwähnt noch diskutiert. Die Mischung von Arbeitskräften führte zu vielen Unfällen auf der Baustelle und schließlich auch zu etwa 30 Todesfällen.

Robert Smith / Alamy, Stock Foto RG5JG8

Innenansicht des C. A. Rosetti-Saals.

B. Bönsch/imageBROKER/Süddeutsche Zeitung Photo 7.5420753

Uhr vor dem Parlamentspalast.

Das Ehepaar Ceaușescu besuchte die Baustelle häufig samstagnachmittags. Die Besuche endeten oft mit größeren Änderungswünschen, die den Bau um Jahre verzögerten.

Nicolae Ceaușescu blickte »stolz« auf das Gerüst des Bauwerks und erteilte »souverän Fachanweisungen«. So wurden die Besuche für die beteiligten Ingenieure zum unkalkulierbaren Risiko.

Der unterirdische Palast

Die unterirdischen Ebenen des Gebäudes bestanden aus Haupthalle und Wohneinheiten. Die Haupthalle war als Kommandostelle gedacht, von wo aus Kontakt zu allen Militäreinheiten gehalten werden sollte. Auf der untersten Ebene befindet sich einer der beiden Atombunker in Bukarest. Die acht Fluchttunnel sowie der Bunker sind darauf ausgelegt, einem Erdbeben von mehr als Stärke neun auf der Richterskala, Angriffen mit Raketen und der gleichzeitigen Detonation von zwei Atombomben standzuhalten. Die Tunnel sind zwischen 60 und 500 Meter lang. Sie führen zu zentral gelegenen Orten in der Hauptstadt, von denen aus ein Transport zum Flughafen vorgesehen war. Später wurde die Ausstattung des Gebäudes um einen Hubschrauberlandeplatz erweitert.

Die heutige Nutzung stimmt mit den ursprünglichen Zwecken nicht überein. Auch wenn die Baustelle noch nicht beendet worden ist, wird das Gebäude trotzdem anderweitig genutzt. Einige Teile werden für Museen, Ausstellungen und Veranstaltungen verwendet, während andere Bereiche weiterhin geschlossen und geheimnisumwittert bleiben.

alamy R3TTD5 1 Danila Delimont

Kunstinstallation in den Kelleranlagen des Parlamentspalastes.

Staatsaufbau

Rumänien war nie eine Weltmacht, aber hat lange Zeit mit Resilienz um territoriale Einheit gekämpft. Seine Geschichte ist eine der Anpassung, des Überlebens und des Wandels. Der Prozess der Bildung einer Nation orientierte sich an dem fortwährenden Streben nach nationaler Identität. Das ursprüngliche Gebiet des heutigen Rumäniens hieß Dacia und wurde unter Kaiser Trajan (53–117 n. Chr.) Teil des Römischen Reiches. Nach dessen Untergang kam es zu wechselnden Herrschaften von Goten, Hunnen, Slawen und Awaren.

Im Mittelalter und der Frühen Neuzeit waren Teile des heutigen Rumäniens innerhalb des Byzantinisches Reiches, des Osmanischen Reiches und des Österreichisch-Ungarischen Reiches gelegen. Dabei kam es immer wieder zu territorialen Veränderungen. Dennoch besann man sich im 19. Jahrhundert auf ein gemeinsames kulturelles Erbe und eine rumänische Identität, auch weil in diesem Jahrhundert die Einheit des Landes auf der politischen Agenda stand. Wie in anderen Teilen Europas auch, drängten die rumänischen Eliten auf Autonomie und Einheit. Nach der Vereinigung der beiden Fürstentümer Moldau und Walachei 1859 unter Alexandru Ioan Cuza war ein erster Schritt in diese Richtung getan.

Nach dem Russisch-Türkischen Krieg wurde Rumänien 1878 selbstständig. Rumänien trat 1916 auf der Seite der Alliierten in den Ersten Weltkrieg ein und konnte bis Kriegsende seine Größe und Bevölkerung verdoppeln. 1918 wurde Großrumänien gegründet, das Siebenbürgen, Bassarabien, Bukowina und Teile des Banats umfasste. Die Jahre 1918–1940 waren von dem Bemühen zur Konsolidierung der neu erworbenen Gebiete und zur Modernisierung der Institutionen des Landes geprägt. Zu Beginn des Zweiten Weltkriegs verlor Rumänien

Wikimedia Commons

Das rumänische Gebiet nach der Vereinigung der Fürstentümer Moldau und Walachei im Jahr 1859.

große Teile des Staatsgebietes an Ungarn. Rumänien nahm an der Seite des Deutschen Reiches am Überfall auf die Sowjetunion teil. Die rumänische faschistische Regierung unter General Antonescu war ebenso an der Verfolgung und Ermordung von Juden und Roma beteiligt. Trotz an eines Frontenwechsels 1944 wurde Rumänien durch die Rote Armee besetzt und 1947 musste König Michael I abdanken. Unter sowjetischem Einfluss kam es zur Gründung der Volksrepublik Rumänien unter Führung von Gheorghe Gheorghiu-Dej (1947–1965), dem Nicolae Ceaușescu (1965 Generalsekretär, 1967 Staatspräsident) folgte. Innenpolitisch blieb Rumänien ganz dem stalinistischen Herrschaftsmodell verbunden. Die »führende Rolle« der Kommunistischen Partei ergänzte ein ausufernder Personenkult um Nicolae Ceaușescu.

Herrschaft Nicolae Ceaușescus

Bis zu seinem Ermordung 1989 regierte Nicolae Ceaușescu auf der Grundlage stalinistischer Methoden. Mithilfe der Kommunistischen Partei sowie der Geheimpolizei »Securitate« übte Ceaușescu allumfassende und uneingeschränkte Macht aus. Selbst schwere wirtschaftliche Krisen erschütterten diese Macht nicht. Außenpolitisch gelang es ihm, die Spannungen zwischen UdSSR und USA geschickt auszunutzen und ausländische Kredite zu erhalten. So kritisierte er 1968 die sowjetische Invasion in der Tschechoslowakei und weigerte sich, Truppen zu entsenden. Diese außenpolitische Flexibilität

01917819 SZ Photo – Rue des Archives/AGIP

Ceaușescu und seine Ehefrau Elena mit dem US-amerikanischen Präsidenten und seiner Ehefrau Rosalynn bei einem Besuch im Weißen Haus im Jahr 1978.

konnte jedoch den wirtschaftlichen Niedergang nicht ausgleichen. Ceaușescus Regierungszeit wird ironisch auch als das »Goldene Zeitalter« bezeichnet. Man verbindet mit diesem Begriff den Personenkult und die allgegenwärtigen Lügen im öffentlichen Bereich. Als Generalsekretär der Rumänischen Kommunistischen Partei hat Ceaușescu das Land mit harter Hand regiert. Seine repressive Politik wurde von der staatlichen Kontrolle über Wirtschaft, Kultur und Bildung und durch Zensur der Presse, dem »Sicherheitsapparat« und durch Unterdrückung der Opposition durch die Geheimpolizei bestimmt. Drastische Maßnahmen wie Fünfjahrespläne, Zwangsarbeitsprogramme, Rationierung und Mangel von Lebensmitteln, Konsumgütern und Energie schädigten Mensch und Wirtschaft. Es zeichnet Ceaușescus totalitären Herrschaftsanspruch aus, dass er in einem der ärmsten Länder Europas mitten in einer strukturellen Wirtschaftskrise den Plan durchsetzte, eines der größten Gebäude der Welt errichten zu lassen.

1989

1989 steht in der Geschichte als Jahr der Revolution in den Osteuropäischen Ländern wie Polen, Ungarn, der DDR, der Tschechoslowakei, Bulgarien und Rumänien und markiert ganz allgemein das Ende der kommunistischen Herrschaft in Osteuropa. In Rumänien begannen die Proteste im Dezember in Timișoara (Temeswar) und griffen bald auf andere Städte über, darunter auch Bukarest, wo am 21. Dezember die größte Demonstration stattfand. Die Proteste gipfelten in der Hinrichtung des rumänischen Machthabers Nicolae Ceaușescu und seiner Ehefrau am 25. Dezember.

Mit dem Sturz des Ceaușescus-Regimes begann in Rumänien eine Zeit des politischen Umbruchs und des Übergangs hin zu einer parlamentarischen Demokratie. Der Parlamentspalast

SZ Photo 02871561

Nicolae und Elena Ceausescu vor dem Militärgericht am 25. Dezember 1989.

wurde Gegenstand von Debatten über seinen kulturellen und historischen Wert. Trotz der Kontroversen um seine Geschichte wird das Gebäude auch heute noch genutzt und ist zu einem wichtigen Zentrum für parlamentarische, kulturelle, offizielle und private Aktivitäten geworden.

B 145 Bild-00529807 Bundesarchiv – Bundesregierung

Empfang des deutschen Bundeskanzlers Olaf Scholz im Parlamentspalast durch den Präsidenten der Abgeordnetenkammer Rumäniens Marcel Ciolacu im April 2023.

Kosten und Kritik

Trotz des Bewusstseins in der rumänischen Gesellschaft über die Kosten des umstrittenen und teuren Bauprojektes, wird öffentlich eher wenig darüber gesprochen und diskutiert. Es ist also schwer die genauen Dimensionen zu bestimmen, wenn selbst die Presse zusammen mit anderen Quellen diese Information grundsätzlich verschweigt. Die Gründe hierfür liegen tatsächlich auch in der unvollständigen Dokumentation bzw. der laschen damaligen Kontrolle des öffentlichen Dienstes, die die kommunistische Partei ausübte. In manchen Analysen wird behauptetet, dass der Bau des Palastes mehrere Milliarden US-Dollar gekostet und einen erheblichen Teil des rumänischen Staatshaushalts verschlungen habe. Die Zahlen schwanken zwischen 3,3 und 6 Milliarden US-Dollar, was bis zu 40 Prozent des jährlichen Bruttosozialprodukts Rumäniens entsprochen hätte.

Der Finanzierungsplan war eine Mischung aus internationalen Krediten, Zwangsarbeit und dem Mangel an wirtschaftlicher Vernunft. Dies führte zu enorme Kosten und trug zum weiteren wirtschaftlichen Niedergang des Landes bei. Das sozialistische Rumänien verschuldete sich bei westlichen Geldgebern, um das stockende Bauprojekt weiter voranzubringen. Nach Ceaușescus Sturz stellte die Rückzahlung der Kredite eine große Herausforderung dar. Durch eine Kombination von Verhandlungen, wirtschaftlichen Reformen, internationaler Unterstützung und langfristigen Anstrengungen hat es Rumänien jedoch geschafft, seine ökonomische Lage zu stabilisieren und wieder auf Kurs zu bringen.

Kritisch analysiert wird der protzige Bau etwa von dem rumänischen Künstler Gheorghe Leahu, der in seinem Buch Arhitect în »epoca de aur« schreibt: »(...) weder Louvre noch

Versailles, noch der Escorial, noch das Parlament in London, noch das in Budapest, noch der Kaiserpalast in Peking, weder der Kreml noch irgendein anderer Palast irgendwo auf der Welt ist so absurd wie diese uninspirierte Komposition des schlechten Geschmacks eines Emporkömmlings mit geistiger Armut, beflügelt von einer unversöhnlichen despotischen Macht (...)«. Für viele Rumänen ist der Parlamentspalast kaum ein positiv besetztes Symbol für ganz Rumänien. Vielmehr entzündet sich die Kritik am Baustil des Gebäudes und an seiner maßlosen Größe.

Die zeitgenössische Presse nach 1989 hat zahlreiche Beiträge veröffentlicht, in denen vor allem eines betont wird: das Haus sei überflüssig: »Was kann man mit so einem großen Haus machen?«, »Das Haus der Häuser«, »Auf der Suche nach dem verlorenen Bukarest – ein verfluchter Ort?«, »Zwischen Versailles und Las Vegas, die Heimat nationaler Gleichgültigkeit«, »Wessen Vilen sollten mit Ruschita Marmor verkleidet werden?«, »Der Palast des Volkes, zweiter Jerusalem Tempel?«

Auch auf internationaler Ebene fiel die Kritik recht harsch aus. Hier wurde das Gebäude mit seinen hohen Betriebskosten als völlig überdimensioniert bewertet. Vor allem vor dem Hintergrund der ärmlichen Verhältnisse im sozialistischen Rumänien sei der Bau mitverantwortlich für den Niedergang der nationalen Wirtschaft gewesen.

Trotz alledem könnte der Parlamentspalast, da ein Abriss derzeit nicht zur Debatte steht, als ein Symbol für das komplexe Erbe der Diktatur gelten. Insofern machen die ursprünglichen Namen (Haus der Republik oder der Palast des Volkes), die zwar mit der Heuchelei des sozialistischen Systems behaftet sind, mehr Sinn als die heutige Bezeichnung. Palast des Parlaments engt die Bedeutung des Hauses doch recht stark auf die legislativen Staatsorgane ein, die hier ansässig sind.

Literatur

Anonym: Casa Poporului, Casa Republicii, Palatul Parlamentului. (online abrufbar unter: https://www.youtube.com/watch?v=v2Dfm7xXKvg).

Dumitru Burlan: Adevăruri nespuse despre Ceaușescu, CreateSpace Independent Publishing Platform; 1. Edition (28. Juni 2017).

Dokumentar Rumänischer Rundfunk, TVR2.

Vasile Droj: Utopia Concretă - Refondarea și Modelarea Statului după Modelul Român. (Online abrufbar unter : »http://universology.com/casei-cunoasterii-universale.html« Dezvaluiri uluitoare privind casa poporului misteriosul tezaur al casei cunoasterii universale universalion (universology.com).

Joe Gage: Memorialul Bucureștilor - Episodul 8- Casa Poporului, 2012. (Online abrufbar unter: https://www.youtube.com/watch?v=g5P5ylj70Y4&t=65s).

»https://de.wikipedia.org/wiki/Paul_Jeute« Paul Jeute: Der Palast des Parlamentes in Bukarest, München 2011.

Gheorghe Leahu: Arhitect în »epoca de aur«, Editura Fundația Academia Civică, București, 2004.

Gheorghe Leahu: Bucureștiul Dispărut, Editura Arta Grafică, București, 1995.

Gheorghe Leahu: București Micul Paris, Editura Monitorul Oficial, București, 2003.

Constantin Luță: Jurnal de șantier la Casa Poporului, Editura Militari, București, 2018.

Andrei Pandele: Casa Poporului. Un sfârşit în marmură, Editura Compania, Bucureşti, 2009.

Palatul Parlamentului: (offizielle Seite: online abrufbar unter: http://cic.cdep.ro/ro/sali/sala-nicolae-balcescu).

Florin Răzvan Mihai, Ilarion Tiu, Lavinia Betea: Viaţa lui Ceauşescu. Tiranul, Editura Cetatea de Scaun, Bucureşti, 2015.

Adina Vukovic: Casa Poporului- MapaSpeciala- Omulşi timpul. (Online aubrufbar unter: https://www.youtube.com/watch?v=0gCHhMXm7XI).